편재영 시집

북랜드

편재영 시집

연분홍 꽃방

인쇄| 2018년 5월 15일
발행| 2018년 5월 18일

글쓴이| 편재영
펴낸이| 장호병
펴낸곳| 북랜드
41965 대구시 중구 명륜로12길 64(남산동, 2층)
대표전화 (02) 732-4574 | (053) 252-9114
팩시밀리 (02) 734-4574 | (053) 252-9334

등 록 일| 2000년 11월 13일
등록번호| 제2014-000015호
홈페이지| www.bookland.co.kr
이-메 일| bookland@hanmail.net

책임편집| 김인옥
교 열| 배성숙 전은경

ISBN 978-89-7787-790-0 03810
값 8,000 원

연분홍 꽃방

시인의 말

뒷동산에 올라
수양버들 가지처럼 축 늘어진 가지에 핀 벚꽃을
처음 보았습니다.
가느다란 나뭇가지가 소나무에 기대어
연분홍을 앉히고 바람결에 흔들립니다.
눈보라 이겨낸 외진 그늘에
수줍게 웃습니다.
벌들은 춤을 추며 이 방 저 방
바쁘게 날아다닙니다.
서로 주고받는 모습에
그대와 나
꽃이 되고 벌이 되어 아름다운 세상입니다.
첫 시집 『연분홍 꽃방』
향기 실어 독자 향하여 달립니다.

2018년 초여름
편재영

| 축하의 글 |

참신한 시 사랑받는 시

편재영 시인이 『연분홍 꽃방』 제목의 시집을 발간하게 된 것은 특별한 의미를 지닌다. 김천문화원과 백수문학관에서 시 공부를 시작한 지 4년 만인 64세 적지 않은 나이에 문단 데뷔의 꿈을 이룬 시인이 3년 만인 이번에 시집을 발간해 객관적인 평가를 받는 기회를 갖기 때문이다.

소나무에 기대어 축 늘어진
수양벚꽃
땅에 닿을 듯 흐늘거린다

연분홍 꽃방에 들른
붕붕대는 꿀벌손님
향긋한 꿀샘에 빨대 꽂고
꽁무니 돌리며
품속을 파고든다

파르르 떠는 꽃술들
꿀벌이 가지고 온 꽃가루와

만나는 순간
역사는 이루어지고

산골바람 살랑살랑
꽃그네 밀어준다

호젓한 꽃방
이 방 저 방
봄날은 간다

—「연분홍 꽃방」 전문

2015년 2월 ≪한국시≫ 신인상에 당선했을 때 중진 시인으로 구성된 심사위원들은 "편재영의 시는 시적 대상에 대한 깊은 탐색과 섬세하고 참신한 시관詩觀으로 이미지를 표현하고 있으며 특히 삶과 자연이 빚어내는 시적 진실을 투명하고 순연하게 형상화하는 솜씨가 뛰어나다"고 높이 평가했다.

편재영 시인은 당선소감을 이렇게 썼다.

"잃어버린 나, 연구대상인 나를 기다려준 스승을 자연에서 만나고 향기로운 낱말을 선물로 담았습니다. 외딴 곳에 피어난 철 지난 들꽃 이름을 자꾸 불러봅니다. 삶의 의미를 일깨워준 기쁜 소식에 머물지 않고 아름다운 꽃향기가 넘치도록 살겠습니다."

더 이상 좋은 것이 없을 정도로 시에 깊이 빠지면 그렇게 되는 걸까. 오로지 시밖에 모르는 사람처럼 시를 읽고 썼는가 하면 각종 공모전에 출품해 여러 사례에 걸쳐 장원 등으로 실력을 인정받은 바 있다.

'시인'이란 이름표를 달고도 편재영 시인은 "꽃향기가 넘치도록 살겠다"는 소감에서의 다짐이 퇴색하지 않는 삶을 살며 시를 써왔다.

좋은 시 쓰기가 얼마나 어렵다는 것 시를 써본 사람은 안다. 편재영 시인의 시에 대한 식지 않는 열정과 치열한 시 정신이 앞으로도 참신하고 좋은 시를 계속 쓸 수 있을 것으로 확신한다.

편재영 시집 『연분홍 꽃방』 발간에 큰 박수를 보내며 앞으로도 심금을 울릴 좋은 시 많이 써서 한국 문단을 빛내주기를 기대해 본다.

2018년 5월

권숙월 시인 | 한국문인협회 이사

차례

2부 연분홍 꽃방

3부 참새의 가을

4부 그림자가 된 여인

5부 아, 고향

1부
병아리들

병아리들

나뭇잎 한들거리는 샛길로
앞치마 두른 선생님 따라온 유아들
둘씩 짝지어 오는데
기저귀 찬 바지가 볼록하다
삐악삐악
소리 나는 신발 신고 다가와
어물어물하며 살짝 고개 숙인 듯이

안녕 하 세 요
또렷또렷하게
배꼽인사해 보인 선생님 따라
또래들은 저만치 가는데
말똥말똥한 눈으로
자꾸 뒤돌아보는 아이
손짓하며 보낸다
천진난만한 표정

병아리는 어미 닭이 그립고
어미 닭은 병아리가 그립다

청둥오리 가족

엄마 따라
개구리밥 넓은 보로 유람 온
청둥오리 새끼 여덟 마리
흐트러진 개구리밥 넓게 펼쳐진다

봇둑에 올라 물기 털었다
목 돌려 구석구석 깃털 다듬고
부리로 인두질을 한다

이끼 낀 절벽
미끄럼 타고 내려가니
차례차례 따라 한다
막내가 무사히 내려오니
오솔길로 데리고 간다

엄마에게 배운 대로
새끼 돌본다

황새

흔들리는 차창 밖
무논갈이 한창인데
황새 한두 마리 보인다

어릴 적 논두렁 지나다
무논에 먼지 같은 흙 동그스름히
검정 치마 속바지에 넣고
검정고무신 벗어 골뱅이 잡는데
눈부시게 흰 황새가 날아와
긴 다리로 성큼성큼 걸어 다녔다
한 발로 서서 물에 비친 제 그림자 유심히 들여다 본다
목을 뺐다 구부렸다
부리 헹구어 날개 속으로 집어넣기도 했다
날개 펴 앞산으로 날아가 버리면
빈 하늘에 여운이 남았다

반백 년 지나도 그 모습
한 마리 품어 고향 무논으로 간다

어렸을 적

불판 위로 올라온 머리가 없는 장어
꼬리로 빨딱빨딱 인사하는데
“장어 죽잖아.”
울음 터트린 아이
아빠는 식당 주인을 불러
초벌구이한 장어로 바꿔 달라 부탁하고
붙여놓기로 했다 달랜다
다시 나온 토막 난 장어
삼겹살이라니
맛있다고 잘 먹는다

뒷집 할아버지 돌아가셨다
흰 적삼 허공에 흔들며 복 복 소리치는 아저씨 봐서
겁이 나는데
“이제 너도 죽는다.”
나도 죽는다
발 동동 구르며
가슴을 치고 서럽게 울었다

손국수 한 사발

저녁마다 언니는
밀가루 반죽 탕탕 밀어
손국수 만들었다

모깃불 피어나는 마당 멍석에
식구들은 둘러앉았는데
조금 남은 보리밥에
열무김치 된장 고추장 듬뿍 넣어 비볐다
밥 한 숟갈 떠넣으면
입 안에서 불이 난 듯
눈물 콧물이 났다
화끈거리는 혀 휘돌리며
걸쭉한 손국수 세 숟갈을 먹었다
그래도 밥이 맛있어 눈치가 보였다

윗집에 사는 작은아버지는
찬물에 건져 양념간장 쳐서 먹는다는데
우리 아버지는
국물이 구수하다 후루룩후루룩 마셨다

>

펌프 샘가 장독대에
푹 퍼진 손국수 한 사발
마을 갔다 오는 우리 오빠 기다린다

한식구

삽짝 밖에서 막내가 우는 소리
집안 식구 모두 뛰어나가
같이 놀던 동무들 막 야단쳤다
영문도 모른 채 고개 숙인 동무들
막내가 울음을 안 그치니
둘째 언니 비틀거리는 몸으로 욕을 퍼부으며
지팡이 치켜들어 모조리 때릴 듯 노려본다
공기놀이 고무줄놀이 다 도망갔다
그 집 식구 보이지 않으면
가지고 놀던 공기 치마에 싸 가지고 와
담 밑에 숨겨놓고 저녁을 먹었다

개구리 우는 밤

모심은 논의 개구리
귀에 익은 합창한다
단조로운 소리
높낮이 맞춰 타고난 목청 온종일 울어도 끄떡없다
주문을 외우듯
온종일 들어도 기분 좋다
고향의 소리
부모 형제 소꿉동무들
아련한 그리움이 밀려온다
은은한 달빛
마을 어귀 어둠을 흔들고
물기 어린 보드라운 들바람 베고 고달픈 하루가 누웠다
푸른 하늘 수놓은 은하수에
견우직녀 건너갈 다리 놓고
북두칠성 헤아리다
기다랗게 꼬리 그으며
떨어지는 별똥별에 급하게 소원 빌기도 했던
늦은 밤에
푹 퍼진 손국수 한 사발을
오빠는 참 맛있게도 먹었다

술래잡기

농번기 맞아
눈코 뜰 새 없이 바쁜 농부들
컬컬한 막걸리 한 사발에 힘이 났다

다락에 누룩은 숨겼지만
술을 빚어
노심초사하던 엄마
술 조사원이 나타나자
깜짝 놀라 숨넘어갈 뻔했다
술동이
뒤뜰 짚가리 속에 꼭꼭 숨기고
주전자 술
수채에 들이부었다

술래에게 들킬라
어린 가슴 콩닥콩닥 뛰었다

앞지르기

하남동네 지나서
아홉 살 동갑내기 분이와
하굣길에 토라져서 뽀로통하다

고운 햇살 받으며
연화지에 물새 물결 차듯이
시작된 앞지르기
삐딱삐딱 잰걸음이 열댓 걸음
너 한 번 나 한 번
검정고무신 두 켤레 물갈퀴 되었다

엎치락뒤치락 경기
땀 흘리며 씩씩대며
어느새 우리 동네 다 왔다

비 오는 마당

할아버지 우산 쓰고 승용차 닦는다
스펀지밀대로 밀었다 당겼다
허리 굽혀 흙 묻은 바퀴도 닦는다
손자학교 밭으로 몰고 다니더니
찌든 때 쌓인 먼지 구정물로 내린다

개구쟁이 시절
삼복더위에 팬티 홀라당 벗어놓고
마당에 쏟아지는 소나기 맨몸으로 받았다

제비초리 타고 흐르는 빗줄기
야릇한 웃음소리 날리며
까만 손 맨발의 신나는 또래들
골목에도 뛰어다녔다

마루에서 내다보니
그새 차 다 닦았나
집으로 돌아가는데
길섶에 흐드러진 선홍빛 철쭉
헤벌쭉헤벌쭉 웃는다

삐삐

삐삐 나는 곳
동무들은 다 알고 있다
산으로 들로 서로 차지하려고 뛰어가
하나둘 뽑으면 신이 났다
배동 오른 삐삐의 달짝지근한 맛
잊을 수 없다

자랄 때 같이 놀던 동무들
바람 따라 흩어지고
지금은 누구랑 노는지
하얀 삐삐꽃 바람에 나부낀다

바람은 쉬지 않고
홀씨 퍼 나르고
추억은 마른 가슴 적신다

* 삐삐 : 삘기의 방언

스마트폰 1

어두워지는 놀이터로 헐레벌떡 뛰어간 아이가 울음을 터트린다
시소에서 제 스마트폰 못 보셨어요
집에서 몇 번이나 제 스마트폰으로 걸어봐도 받지 않아요
놀이터에 혼자 남은 나한테 돌려 달라니 난감하다
좀 전에 스마트폰을 귀에 댄 채 아무 말 없이 놀이터에서 나간
그 아이가 수상쩍다
위치 추적하면 바로 찾을 수 있을 텐데

실시간 온라인 정보를 확인하고
친구들과 소통하는 스마트폰
무엇이든 물어보면 척척 누구에게나 친절하다
아이들은 오락게임
어른들은 다양한 재미에 빠지기도 한다
세계를 보는 손안의 보물섬
연인처럼 늘 함께 다닌다

스마트폰 2

스마트폰 갖게 되어
흐뭇한 일흔 살 할아버지
일곱 살 손자한테
한 번 누르면 기역
두 번 누르면 쌍기역이라 배웠는데
두 번 눌러도 잘 안 된다
손자는 집게손가락 춤추듯이
빨리 눌러야 된다는데
괭이로 진흙 속 고구마 캐기가 쉽지
꽃이라는 글자
쓰기 쉽지 않다
거실에 웅크리고 앉아
연습하는 할아버지
소파에 비스듬히 기대앉아
게임하는 손자가 부럽다

아가야 까꿍

손자 웃는 얼굴 온 집안 밝아지고
도리도리 짝짜꿍
할머니 따라 한다

모종비 그치자
산밭에서 모종하는 할머니
시집간 딸 생각이 촉촉이 젖어드는데
뻐꾸기 한 마리 주위를 맴돈다

뻐꾹
뻐꾹
하늘나라 엄만가
까꿍
까꿍
어르는 소리만 같다
생전에 좋아했던 웃음
안개터널로 굴린다
까르륵
까르륵

아파트 문

대문 숫자 아홉
현관 넷
자주 오는 아들네
손자 안고 하나하나 불러준다
고사리 같은 손
다듬다듬 문 열기만 기다린다
빗장 풀어 일등 했다
맑음이다

가끔 오는 딸네
큰 외손자 꾹꾹 눌렀는데
이제 동생하고 싸운다
형 대문 열고
현관문 동생한테 양보한다
앗싸
비밀번호 자랑스럽게 외친다
형 어깨너머 배웠다

할머니와 손자

모두가 잠이 든 깜깜한 밤
뒷간 거름자리에서
할매 할매
힘을 주며 자꾸 부른다

왜, 할매 여기 있다
걱정 말고 많이 눠라
하도 추워
목소리도 으스스 떨린다

닭아 닭아
낮똥은 나를 주고
밤똥은 너 가져가라
손 모아 빌고
절 세 번 한다

할머니 마음 알겠습니다
닭장 속에서
꼬르륵
꼬르륵

2부
연분홍 꽃방

연분홍 꽃방

소나무에 기대어 축 늘어진
수양벚꽃
땅에 닿을 듯 흐늘거린다

연분홍 꽃방에 들른
붕붕대는 꿀벌손님
향긋한 꿀샘에 빨대 꽂고
꽁무니 돌리며
품속을 파고든다

파르르 떠는 꽃술들
꿀벌이 가지고 온 꽃가루와
만나는 순간
역사는 이루어지고

산골바람 살랑살랑
꽃그네 밀어준다

호젓한 꽃방
이 방 저 방
봄날은 간다

골짜기 손님

뒷동산 진달래
꽃샘추위에 후줄근히 섰고
계곡은 돌 위에
물 드레스 한 자락 펼친다

돌돌 들리는 자장가
꺼병이들 어미를 찾고
갓 태어난 소금쟁이
검불에 서툰 몸짓이다

복스러운 버들강아지
앉다 날다 수다스러운 참새
산까치 노래하는 골짜기에서
만난 손님들이다

봄날

수줍은 목련꽃
새로 만들어 입은 드레스
참 예쁘다
해가 어루만지며 요리조리 비춰보다
햇살 벗어준다

깜빡 졸다 눈뜬 개나리
하품 늘어지게 하다
서산머리 눈부시지 않은 용광로
새롭게 바라본다
집에 돌아가기 싫은가
뉘엿뉘엿 뒷걸음질 치다
서산마루에 걸리었다

봄나들이 나온 벌 나비
꽃길 지나 집으로 간다

소나무의 말

사계절 같은 옷
봄이 와도 신경 쓸 일 없다

그런 말씀 마세요
누구보다 일찍 봄맞이에 신경을 쓰고 서두른답니다
후끈 달아오른 두 볼로
무거운 겨울외투 벗어던지고
가벼운 봄빛
갈아입었는데 모르시다니요
정말 섭섭합니다

봄에 피는 꽃
따라다니지 마시고
저한테도 관심 좀 가져주세요

연화지의 봄

양지쪽 개나리
노란 입 쏘옥

칼바람에 꺾이고
가위에 잘리어도
햇살 앞에 부푼 가슴 살짝 열었다

키 큰 벚나무 하늘 향해
속내 감추고 생생하다

연화지 둘레에 사철나무
시비詩碑와 어깨를 나란히

잔잔한 물결 위
서막이 오르고
청둥오리 쌍쌍이
미끄럼 타며 사뿐히 내려앉는 모습
스릴 넘쳐 박수를 친다

빈 둥지 까치가 반가운 손님 오겠다
목청 높인다

연화지의 여름

연잎 사이사이로 하늘 향해
빼 올린 꽃대 꽃봉오리 연밥
연분홍꽃 쓰러지는 뙤약볕에
녹색 물 동그랗게 그리며
청둥오리 한가로이 노닌다
옛 선비들 풍류 즐겼던 봉황루에 올라
시 한 수 읊으니
숨은 매미 합창에 무더위 쉬어 가고
나뭇잎 살랑살랑
백일홍 수련 연꽃 한 아름 덥석 안아
꿈도 못 꿀 호강에 떠날 줄 모른다

연리지

해가 거듭될수록 계곡 깊어지니
죽음의 스트레스 받은 나무 두 그루
흙 파인 계곡으로 넘어지지 않으려
서로 가지 붙이고 살을 뚫었다
처음엔 주사 놓듯이 나누다
오랜 세월
눈보라에 시달리며 공을 들여
마침내 한몸 이루었다
울퉁불퉁 뒤틀린 가지
심한 흉터 자국
옹이 한두 개가 아니다
주춧돌처럼 드러난 뿌리
계곡 등진 채 어깨동무하고
참으로, 우람차다
싱그러운 잎새마다
반짝이는 이슬
산새들 새날을 노래하고
토끼 다람쥐 고라니 쉬어간다
가까이 가니
가슴 울리는 합성이 들린다
저절로 고개가 숙여진다

숲

숲을 알기 위해 숲으로 간다
오르는 길섶의 상수리 톡 떨어져
알몸 되어 데구루루
가져도 돼요 속삭인다

동행 없어 동행 있어
부족함이 없다

정지된 시간 속
어제가 지나간다
곰곰이 오늘 생각하다
후회 없는 내일을 꿈꾼다

다 보이지 않는 무대
악기 없는 연주
포근한 품속에 안겨 토닥이는 엄마 손

눈매 고운 이
곱게 물들이는데
옥색 망토 두른 해님
살며시 다가온다

개미 송충이
저마다 왕이고
산다는 게 복이다

초대합니다

단풍나무 산장으로 초대합니다

오색비단 보료에
반짝이는 햇살 펴 담고
잘 익은 단풍과 솔잎
바삭한 갈잎
고명으로 얹은 비빔밥 한 그릇 어때요?

세상 걱정 다 내려놓고 맛있게 드세요

점심 식사 끝나면
솔 향기 마시러
직지문화공원 한 바퀴 돌아볼까요?

햇살이 머문 놀이터
그리움은 그네를 타고
나들이 나온 가족들
해맑은 웃음이 얼핏얼핏 스치네요

립스틱 짙게 바른 가을
마지막 수놓은 그대가 부러워요

단풍

가을 산처럼 활활 불타본 적 있었나
블랙홀에 빠져들 듯 정신이 혼미해져
자신을 감옥에 가둔 적 있었나
파랑새 만나 흔들린 갈잎
하늘만 우러러본다
해와 달 별빛으로
신비로운 세상을 여는
천둥 번개 무서운 하늘을
사무치는 그리움 말을 못 해
흙으로 돌아갈 순간까지
자신을 불태운다

단풍나무

창문 열고 나 좀 봐요
노랑 저고리 빨강 치마
간밤에 내린 비에
흠뻑 젖었어요

해님 달님
안개 속으로 단풍놀이 떠나고
갈바람이 찾아와서
놀자고 하더니
너무 심하게 흔들어
정신 잃을 뻔했어요
열 손가락으로 꼭 매달렸는데
시뻘겋게 멍이 들었어요
밉다고 하면 어쩌나

이 손이 더 곱다는
임의 말이 떠올랐어요

세톨박이의 행복

젖은 밤송이 꼬챙이로 깐다

쭉정밤도 있지만
큰 밤 작은 밤
가시문 열리기 바쁘게 나온다

봉투에 담아와
씻어둔 밤 속에
세톨박이 한 덩이가
고만고만한 무게로 다정하다

가운데 밤을 중심으로 양쪽에 붙어
씨눈 가까이 대고 떨어질 줄 모른다

애써 떼어놓으니
가톨 일어나지 못하고
가운데 밤을 치우고 붙여보니
틈이 생기고 씨눈 엇갈린다

서로가 소중한 세톨박이
행복을 본다

치자 이야기

안개 자욱한 들판에 새 울고
황금빛 보석 빚어놓았다
늘 푸른 잎 대접받는 육각형
시린 손 똑똑 물이 든다

고향 잔칫집 마당에선 웅성웅성 돼지 잡고
배추 무 쪽파 치자색 밀가루 반죽 입힌다
엎어놓은 솥뚜껑에 돼지비계로 지글지글 전 부쳐
실고추와 참깨로 수놓았다
두부는 노란 물속으로 들어갔다

돼지 오줌보 얻어 신나는 아이들
삼나무 속대 꽂아 불고 꽁꽁 묶었다
영식이 철수도 새끼로 동여맨 고무신 신고
오줌보 공 먼저 차려다 멍들면
치자떡 부치고 무명천으로 싸맸다

각진 입 꼭 다물고 황금빛 세상 꿈꾸는 치자
올해도 실에 꿰어 처마 밑에 걸어두고
야금야금 빼앗아가지

산국화처럼

억새가 바람막이 되어준 산모롱이
그냥 그 자리에
면봉 같은 노란 봉오리 수수롭게 펼쳤다

소박한 산국화
찬 서리에 살림살이 어려워도
찾아오는 꼬마곤충
따뜻이 꽃방석에 앉히고
상냥한 미소로 내일
또 오라 소곤대는 몸짓
퍼 주는 향기가 푸짐하다

내려다보는 억새의 너털웃음 허허허
손돌바람이 날려
어두운 세상 밝아온다

홍시 한 상

감나무가지 주워 다른 나무에 둥지 튼 새들
걸핏하면 찾아와
올해도 홍시 먹을 수 있는지 묻는다
겨우내 줄 것이 없어 미안하던 감나무
봄이 오니 바쁘다
움튼 싹 키워 그늘 만들어
감꽃 피우니 벌 나비 날아든다

푸석한 몸으로 몇 날 며칠
떫디떫은 감 잘 익게 정성을 들인다

하늘병풍 아래 홍시 한 상 차려놓았다
햇새 묵은 새 날아와 실컷 먹고 남긴 홍시
또 오라 치우지도 않는다

해바라기 삶

구화사 가는 길에 마주친 해바라기 삼 형제
주인한테 버림받고 쓸쓸히 서 있네
비탈진 골짜기에 서릿발 성성한데
야윈 몸에 까만 얼굴 허수아비 누이 같아
오는 길에 안고 와서 화로 옆에 눕혀 놓으니
고향 집 아랫목인 양 옷고름 풀고 깊은 잠에 빠지네

새봄에 싹이 돋을 수 있으려나 망설이다 뿌린 씨앗들
새 생명 잉태하여 텃밭 울타리 철 따라 장식하며 오가는 길손 맞이하고
장대로 쑥 자라서 함박꽃 웃음 짓더니
덩그런 보름달 비집고 촘촘히 내리박힌 씨 형제들이여
지난해 받은 설움 시집보내고
해님 향해 머리 숙여 은혜 보답하네

겨울나무

은은한 달빛 아래
분신을 떠나보낸 회한에 젖어
신음 소리 흐르는 적막강산

꼭두새벽
먼 산 넘어온 해님 지쳤는가
나뭇가지 걸터앉는다
임 기다리다
앙상한 몸 덜덜 떨며
얼기설기 모이는 그림자

시린 가지
아침 햇살 둘러쓰고
아직은 먼 봄나들이
연둣빛 날개 달아
꽃향기 맞이할 부푼 꿈에
까무룩 선잠이 든다

3부

참새의 가을

봄에 만난 새

까만 작은 새
회색빛 큰 새 한 쌍이 오르락내리락
산모롱이 앞서거니 뒤서거니
빙글빙글 돌다
사라진 듯하다 또 나타난다

뾰족한 입 고운 소리
침 튀기며 속삭이겠지
눈은 반짝이고
코는 반들거리고

흉보는 이 없는 자유로운 만남
새봄 가기 전에 귀여운 새끼 보겠다

구화사 부처님 귓가
분홍빛으로 물들이겠다

저녁 한때

텃밭을 둘러본다
며칠 전에 본 두꺼비는 보이지 않고
남편은 달팽이 붙은 상추에 물을 준다

모심은 논길 걸어가는데
왜가리 한 마리 날아올라
허공을 잠재운다

참새는 대숲 잠자리에 들고
풀냄새 나는 길섶에서
진노랑 나비를 만났다
시집가는 각시처럼 예쁘디예뻐
더 보고 싶은데
뱀이 사는 컴컴한 대숲으로 날아간다
말리지도 못하고
나비야, 그곳으로 가면 안 돼
멋모르고 시집가면 큰일 난다

뱀 한 마리

뱀 한 마리
달리는 자전거에 치일 뻔해
놀란 가슴 쓸어내렸다
율곡천변 포장길에 몸 쭉 펴고
가로로 누워있다
사람 놀래키는 데 일등이다
경칩 지났으니
냇가에 뱀 나올라 겁나고
도망치면 뒤따라올까 무섭고
나뭇가지만 봐도 깜짝깜짝 놀란다

모두가 싫어하는 뱀이란 글자
세로줄 하나 지우니 범
아래로 모시면
누구나 좋아하는 봄
너를 봄이라 불러본다

두릅반찬

단골 식당에
예약된 상
남자들끼리 여자들끼리 둘러앉는다
여자 자리에 앉은 동생 같은 남자가
능청을 부리며
봄 부추
아침에 많이 먹었는데
“저것도 몸에 좋은 것.”
상에 오른 두릅 같지도 않은
두릅반찬에
눈독을 들인다
“동상은 그만 먹는 게 좋겠어.”
옆에 앉은 누나 같은 여자가
두릅반찬 접시를
빼앗듯이 옮기는데
“왜, 내가 넘치나?”
웃음이 넘쳐 바다다

쑥 뜯기

얼굴 햇볕에 타면 안 돼
모자와 마스크 쓰고
날 세운 칼을 들고 푸대를 챙긴다

산 밑 허름한 집
밭두렁
여기저기 섬을 이루었다

탐나는 쑥
개똥쑥도 모르고 큰 것만 벤다

도둑인 줄 아는가
지칠 줄도 모르고 짖어대는 개
소란한 산새
고개 젖히고 우는 닭

봄바람의 살랑거림
들꽃 냄새
메아리까지 모두 담는다

논에 쓴 글

무논 모양 따라
이앙기로 복사한
제기차기 모양의 모숨
한 자라도 잘못되면
할아버지 할머니가 고쳤다
팔만대장경처럼 뜻이 깊어
부지런히 배우라 펼쳐 두었는데
날 밝으면
왜가리가 찾아와
고개를 갸우뚱거리고
개구리들
꽈리 부는 소리로
읽고 또 읽고
밤새도록 읽는다

강풍

주민 여러분
오늘 밤 강풍주의보 내렸습니다
창밖의 화분 안으로 들여놓고
창문 꼭꼭 닫으시기 바랍니다
아파트 관리실에서 방송한다

쌀밥 고봉으로 담은 이팝나무
밤새 꼬부랑 할머니 되었다
갓 핀 아카시아 까무러쳤다
신작로에 모자가 휙휙 날아간다
너덜너덜한 이파리
송홧가루 뒤범벅이 되어 휩쓸려 다닌다
웅크린 목숨
모두 몸살이 났다

아무리 성이 나도 그렇지
엉망진창 만들고
전깃줄에 목을 매다니

풍뎅이가 찾아와

방충망에 거꾸로 매달려 주방을 들여다본다
다가가도 움직이지 않는다
낯익은 모습
여섯 발 더듬더듬 몸 바로 세우고
숲으로 돌아가는 길
소란스럽다

옛날 이맘때쯤
고향 정자나무 그늘에 놀던 아이들
풍뎅이 잡아
다리 부러트리고
목 비틀어 거꾸로 눕히면
속치마 같은 날개 파르르 떨며 팽이처럼 돌았다
신기한 장난감 보듯 구경만 했지
풍뎅이 아픔 생각도 못 했다

미안하다 풍뎅아

칭찬받고 싶은 마음

연못의 물 줄어드니 개구리 한 마리 구슬피 울어댄다
새들은 물 많은 연못으로 데려다주기로 회의를 했다

개구리 입에 막대기 물리고 사방에서 날갯짓을 하니
떠오르는데
이 광경을 본 물방개가
누가 그런 좋은 생각을 했니
누가 그런 좋은 생각을 했니
소리쳐 묻는다
개구리 말하고 싶어 입이 근질근질하다
도저히 참을 수가 없어
내가 했지
말하려는데 바닥으로 뚝 떨어졌다

새들의 아침

안개 자욱한 이른 아침
느티나무 찾아온 단골손님들
저마다 부르는 해맞이 연가
천사 귀도 즐겁다

전깃줄에 앉은 까치들
한 마리 두 마리
논으로 숨었다 마른나무 가지로 날아오르는 곡예
공중서커스다

참새 떼 재잘대며 나르고
눈부시게 흰 도포 자락 가지런히 접은 왜가리 홀로
아침을 먹는다

고양이 한 마리
새 모이 주는 방천길 따라
어슬렁어슬렁 걸어 다닌다

참새의 가을

아파트 정원수 소나무에서 꼭두새벽 회의하는가
동네가 떠들썩하다
했던 말 또 하고 모두 입이 싸다
몸 파르르 떨며 오르락내리락 잠시도 가만히 있지 못한다
참새 떼 지저귐
창문 두들겨 잠이 깨는 아이들

떠들지 마
전깃줄에 앉은 까치한테 야단맞고
햇살이 차려 놓은 들판 뷔페식
대장 앞세워 날아간다

가다가 총소리에 깜짝깜짝 놀라
해가 방그레 웃는다

까치와 고양이

새끼 고양이 가는 길에
까치가 울어대어 귀가 따갑다
한 마리 코앞의 길잡이
또 한 마리 뒤 바싹바싹 따라다니며 꼬리 건드린다
열 받은 고양이
등 곧추세우고 노려보는데
재미있다 폴짝폴짝 뛴다

이제 고양이
사뿟사뿟 걸어가 먹이 먹는다
푸른 공원 지나 계단 오른다
당황한 까치
쏜살같이 소나무에 날아올라
원님 행차하신다
나팔 분다

고양이 쓰러지다

쏟아지는 봄 햇살 즐기며
기와지붕 위에서 새끼들과 놀던 고양이
밥 주면 맛있게 먹었다

아이가 굴리는 구슬 따라잡기에 재미난 고양이
몸 동그랗게 만들고
우리 집 안방을 제 방처럼 갖은 재롱 다 떨었다

그 귀엽던 고양이
요즘은 반기는 사람 없어
아파트단지 쓰레기장 맴돌다 사라진다
텃밭에 서성거린다

한 조각 빵도 나누지 않는 소외감
뒷산 건초 더미 속
제 집 찾아가는 멀고도 험한 길
야옹야옹
서럽게 울다가
무덤가에 쓰러졌다

배가 고파

고라니 한 마리가 뛰어오더니
되돌아 쏜살같이 달아난다
정신 못 차리고
밭이랑에 이리저리 뛰어다니는데 꼬꾸라지겠다
갑자기 펼쳐진 산골 무대
영문을 모르는 관객들
이번엔 어디로 튀려나
새파랗게 질려 덜덜 떠는 이슬 무리무리
산으로 도망을 못 가는 주인공

올라온 자동차가 지나간다
잠잠하다
어디로 갔지?

넝쿨 속에서
쓰러질 듯이 나오더니
허정거리며 콩밭으로 퇴장한다

시월 마지막 날

뒷동산
양지바른 무덤가

잠자리 두 마리
한가로이 노닐더니
갑자기 풀숲에 처박혀
탁! 탁! 탁!
너무 황당해 다 멈추었는데
어디론가 휙, 날아갔다

한 놈이 혼절했겠군
가보니 아무도 없다

소식 기다려지는데
한참 만에 짝지어 나타나
아무렇지도 않은 듯
빙글빙글 돌며 춤춘다

산이 크게 웃었다

청설모

빗속 청설모
호두 한 알 문 입이다
마주치니 놀란 듯이
눈동자 굴리며 망을 본다

양볼이 볼록한 청설모
처마 밑으로 찾아와서
요리조리 살피며 굽실거린다

눈높이 난간에 올라가서
몸보다 더 긴 꼬리를 흔들며
빤히 쳐다본다

괜찮아, 겁내지 말고
곳간이나 채우렴

매사냥

허기진 매 매서운 눈에 들어온 산토끼 한 마리
죽자사자 달아난다
마른 넝쿨 뛰어넘어 지그재그
이리저리 뛰어보아도 피할 곳이 없다

제트기처럼 거대한 날개 내리 덮쳐
생채기 낸다
한 번
두 번
세 번
맹렬한 추격
손에 땀을 쥐게 한다

뭉텅뭉텅 뽑힌 털
바람에 흩날린다

전쟁 나면 우리들은

4부

그림자가 된 여인

그림자가 된 여인

까만 밤
시골집 장독 위
눈송이 내리듯 사랑이 찾아왔다

사랑하는 그대와
엄마처럼 누이처럼 살고 싶어 하던 여인
그림자 되는 꿈을 꾸었다

그대 주위에
빛이 있으면 빛을 피해서
돌아보면 돌아보고 뛰어가면 뛰어가고

함께
넘어졌다가 일어나기도 하고
가끔씩 길을 헤매고 비틀거렸다

서로
마주 볼 수 없었으나
무슨 생각을 하는지 알게 되었다

창조의 발

비 내리는 안산공원의 봄밤
불빛에 힘찬 발걸음
오른발 내딛고
왼발 발뒤꿈치 들었다
바짓가랑이 타고 흘러내리는 빗줄기
땀방울처럼 두 발을 적신다
울뚝불뚝 솟은 핏줄
아버지 발
맨발로
나라 가족 위하여
무겁게 가볍게
혁신도시가 나아갈 첫발자국
눈물 같은 봄비가 깨끗이 씻어준다

* 창조의 발은 김천혁신도시 안산공원에 설치된 조형물

달봉산악회

주말 아침 달봉산 오솔길은 인라인스케이트장
뒷짐 진 선수들 세로줄 서서
양쪽으로 쏠리며 오른다
중간주자 스피드 못 내도 앞지르지 않는다
참나무 관찰자가 지키고 있다
두 팔 힘차게 흔들며 코너 돌 때
앞뒤 주자가 바뀌기도 한다
개나리 진달래 산초나무 응원단
손 흔들며 트랙에 둘러섰다
굽이굽이 돌아가는 코스마다
소나무 관찰자 지키고 선두주자가 바뀐다
멧비둘기 뻐꾸기 코치 고함지르며 따라간다
가파른 결승선 고지 앞두고 기권자가 생겨
다람쥐 코치 애가 탄다
헉헉대며 올라가는 선수들
무사히 결승선 통과
산불감시초소 심판관이
꼴찌까지 등수를 매긴다
상으로 황악산 고성산 산바람
모두 받는다

우리 오빠

진해 벚꽃 구경 오빠와 갔다
말없이 운전하는 오빠
꽃을 보더니 얼굴이 환해져
저것 봐라 저것 봐
얼마나 이쁜가
그 많고 많은 꽃 다 만나고
꽃병 하나 산다

고생만 하고 말없이 살다 가신 엄마 이야기
회한에 젖는다

해마다 꽃구경 가도
가슴에 맺힌 피멍울
아직도 다 못 터트렸나 보다

봉화산 철쭉

꽃이 불타는 줄 알았더니
찡그린 얼굴
이제 오느냐
말할 힘도 없는 것처럼
두 눈 껌벅이다 떨어진다

꽃이 부를 때 가야 꽃을 보지
못 본 꽃 서운하다니
나뭇가지 길을 막고 얼굴 할퀴며
몸 낮추고
한 사람씩 지나가란다

높고 낮음 없이 봉긋한 초록
꽃만 꽃이런가
잎도 꽃이더라

기날못 봄바람

황악산
골마다 보초 세우고 진청색 비단 펼쳐놓았다
춘삼월 봄바람
둑으로 몰아가는 물결무늬
도둑들
수문 뛰어내리는 소리

깨끗해진 늪
수양버들 수초들 보금자리
길섶의 야생화
벌 나비 안식처

비단으로 휘감은 휘어진 고목에서
미끼를 던지는 흰나비
모티길 애기똥풀꽃에게
유람이나 하자 꼬드긴다
봄바람 물결무늬
얼씨구, 추임새 넣는다

양떼목장

산등성이 넓은 초원에
양 떼들 무리 지어 풀을 뜯는다

거친 풀 베어낸 자리
파릇파릇 돋아난 잎을 골라
입술 실룩거리며 먹는다
배고픈 시절 그림의 떡이던
김이 나는 찐빵 맛인가
손자 불고기 먹는 입처럼
참, 맛있어 보인다
구경꾼 큰소리에
한눈팔지 않고
먹기 시합이라도 하듯이 열심이다
뭉친 털옷 입은
궁둥이에 유리관 꽂고
양쪽 옆에 예쁜 젖꼭지 달고
말 닮은 얼굴
불강아지 같은 얼굴이다

순한 양들
풀 뜯는 초원에 누워
보리피리 불고 싶다

꼬마물기둥

깊은 계곡 거울 물에
옹기종기 자갈
해맑게 웃는다

하늘, 계곡
애타는 그리움
어둠이 몰고 온 소나기가 소리친다

후드득후드득
꼬마물기둥의 연주회
계곡은
삽시간에 화려한 축제장이다

물속의 자갈
둥글게 둥글게

고추잠자리 소금쟁이
바위에 앉아 눈망울 굴린다

손을 흔들어 환호하는 숲

언덕 위의 산딸기
빨간 콧물 흐른다

나만의 공간

먹구름은 장대기로 드럼을 친다
주차장에 기천만 원 짜리 줄지어 요란하다
울림을 온몸으로 느끼며 전화 걸고
성에는 유리창에 탑 쌓는다
사방 산으로 둘러싸인 나만의 공간
정오 되니 조용한데
금산고을 벗어난 안개구름
꾸물대는 안개 끌어가기 힘겨운가
슬금슬금 흘리며 산등성이 오르는데
숲의 얼굴 거리로 읽힌다

소매물도 몽돌

아득히 먼 옛날
네모를 품은 바다는
하늘과 한몸 되어
억겁의 사랑으로 몽돌을 만들었다

하늘빛 바닷물
모세의 기적 하루에 두 번 일어나
등대섬 가는 돌길 내어주고
좌우로 갈라져
몽돌밭 공기놀이 즐긴다

파도 장단에 맞추어
예쁜 돌 어루만지다가
하얀 웃음 남긴 채 돌아가려는데
몽돌이 자잘자잘 보챈다

변산반도 채석강

바위 조각해
찐 시루떡
산처럼 포개고
천하장사 모둠발 뛰어도
끄떡없는 떡
여기저기 떼다 놓았다

눌러붙은 석화굴 빈집은
가막조개 숨바꼭질

웅덩이 맑은 물
목욕한 해초아가씨 하늘하늘
시간 멈추었다

낮은 데로 흘러간 바닷물 간지럼
바위 녹는다

국화 향기 연 만나다

고개 꺾인 잿빛 무리
진흙에 발 묶여 죽음처럼 서 있다
수양버들 줄줄이 머리 풀고 흔든다

지난날
기운차게 밀어 올린 꽃봉오리 펼쳐 든 순간
아낌없는 찬사가 쏟아졌다

한낮 뙤약볕에 파라솔
은방울 튕기는 우산 들고
물방개 소금쟁이 기다렸다

잠자리 가슴마다 향기 채워주고
명을 다했으니
바스러져도 후회 없다
부여 궁남지 연 자서전 쓴다

백담사 가는 길

백담사 가는 마음은
산이요 바위요 물이로다

하늘상 펴서 바위밤 올리고
오색 단풍전과
계곡 맑은 물 떠 놓고
귀한 선물 주신 님께 절부터 올렸다

단풍잎에 몸을 실어
계곡을 유람하니
자연향기에 취해
벌어진 입 바위 되고

주인이 누구인가
한 그루 단풍나무로 살고 싶다
물 마시고 노래하며
벗이 되고 싶다

자연인

이 시간에
문학관 관람을 오다니, 군인이
군홧발로
첫 수업이 열리는 강의실에 나타났다
잃은 건강을 찾으러 왔단다
유능했던 장교
소년병처럼 노래를 곧잘 불러 엄마들은 그를 사랑했다

반백의 세월
인간미 넘치는 자연인 되었다
진흙 속에서 온몸으로 밀어 올린 연꽃 봉오리
새들도 날아와 축복의 노래를 불렀다

쉬었다 가는
나그넷길
서울 가족이 기다린다며
돌아갈까 말까
망설이는 중이다

대단한 사람들

백수문학관 주차장에 가득한 자가용
수업 마치고 떠날 순서 기다리는데

–여기는 뭐하는 곳입니까?
시멘트로 계단 손질하는 아저씨가 묻는다
–글 배우는 곳입니다
–글을 몰라 배우러 다닙니까?
담장에 황토 붙이던 아저씨
–요리 못하는 사람은 요리도 배우고 그러겠지
한 덩어리 척 붙인다
잘못 붙였다는 생각 우물거리는데
–문학관은, 대단한 사람들이 다니는 곳이여!
키 큰 아저씨 큰소리에 그만 말문이 막혔다

요리 배운다
대단한 사람들
유명한 시인이 요리한 시
맛있게 먹으며 다녀도 깨닫지 못했다

환갑 총각

학교에 있을 시간인데
선생은 오두막집 툇마루에 앉아
비에 젖는 낙엽을 바라보며
냄비국수 후루룩후루룩 마신다

골목길 지나가던 여자가
담구멍 통해 족제비눈으로 살피는데
개라면 컹컹 짖기라도 하지
사방은 쥐죽은 듯 고요하다

알뜰살뜰 챙겨주던 엄마
하늘나라로 떠나고
많이 모자라는 동생
장애인 시설에 보냈다
겨울 재촉하는 가랑비가 훌쩍거린다

허름한 잠바 걸치고
단골 술집으로 내달리던
중고자전거 어디 갔나

가을밤 거리

스마트폰 들고 잠이 든 젊은이
어서 일어나 집으로 가세

거친 세상 고달픈 일도 많겠지만
취한 술잔이 늘어날 때마다
아내 원망 쌓여 가고
자식들은 눈치만 보네
저마다 인생살이
힘들고 어려워도
기다리는 가족 생각하면서
꿋꿋이 일어서야지

모진 풍랑 휘몰아쳐도
굳세게 헤쳐 나가는
든직한 가장 돼야제

억새

지게에 도시락 매달고 먼 산으로 나무하러 간 아재
친정에 가고 싶어도 갈 수가 없으니 좀 불러 달라
시집간 언니가 쓴 편지
가져다준다
아프지도 않은 엄마 아프다 딸 좀 보내 달라
아버지 편지 쓴다

무서운 시어머니
나무꾼 없어진 세상
율곡천 가득 메운 풀
아버지보다 크게 자라는 억새였구나
칼바람에 서걱대는 맑은소리
눈 감으면 초롱초롱 맑아지는 기억

내남산에서 해온 땔나무 깐동그린 억센 풀
새해 아궁이 뜨겁게 달군다

다림질

만 원 열 장
천 원 다섯 장
물 뿌리고 빳빳하게 다려서

"돈 좀 꾸기지 마라"
엉뚱함에 웃음이 나서

바지나 좀 다리지
액자에 넣어 걸까
조폐공사에 연락해 상 주라 할까

꽃 한 송이
선물 받은 적 없는데
지갑에서 돈 꺼낼 때마다
기분이 좋다

잊지 못할 결혼

나와 맞선본 총각
옆집 분이와도 맞선봤단다
중매쟁이 영동댁이 한 짓이다

소문난 사진관에 가니
분이가 약혼사진 찍고 있다
사진사가 하라는 대로
입 다물고 차렷 자세로 약혼사진 찍었다

한날한시 결혼식을 올리고 버스에 탄 두 엄마
비단치마 동여매고 곰내기재 넘자마자
평소 안 하던 뜀박질을 하는데
빠른 분이엄마 못 이기지

우리 엄마 눈 흘기며
아나, 우리 딸은 벌써 신혼여행 갔대이
딸을 품었다

* 한동네에서 한날한시에 결혼하면 한 사람이 치인다는 말이 있다. 집에 먼저 가면 잘산다고 했다.

5부

아, 고향

고향의 샘

고향 샘가에 향나무 있고
채송화 봉선화 예뻤다

한낮 뙤약볕에
두레박질하면
물은 한 바가지만 올라와
물동이 못 채운 채 머리에 이고 와야 했다

숨바꼭질할 때
도란도란 속삭였던 소꿉동무 생각나고

샘 청소하는 날
온 동네가 시끌벅적했다
삿갓 쓴 아저씨
물통 타고 조심조심 내려가
찌꺼기 퍼 담아 올려보내고
입술이 시퍼렇게 되어 올라왔다

지금은 찾는 이 없어 물 넘치나
내 마음엔 그 모습 그대로 남아있다

고향

고향을 떠나 왔는데
고향이 몰래 따라와
가을비 내리는 날
자동차에 태웠다

아무도 모르게
뒷골 험한 산
대봇재로 데려간다

뱀처럼 긴 포장길 지나
오싹오싹 소름이 돋던
우거진 수풀 깊숙이
땀 흘리며 넘나들던
고갯마루 서낭당 돌무더기에
꽁꽁 묶었다

아, 고향

공단 들어온다
사 차선 도로 난다
고향이 술렁거린다

우리
논밭 산
딸은 서운함에 겉돈다

다래끼에 쑥 냉이 캐고
골뱅이 메뚜기 잡아
집집마다 굴뚝에 연기 피어오르는
그 시절이 좋았어
뒷산은
깨금 머루 따먹고
소 풀 먹이며 놀던 곳인데
잠든 조상 다 쫓아내고
푸른 산 옷을 벗겨 붉은 속살 드러냈다

참나무 소나무
할미꽃 진달래야
초라해진 고향
한쪽 구석에 쪼그리고 앉아 있다

이를 어쩌나

어릴 적 뛰놀던
산 들 굽은등골목 육십여 가구
안 가본 데 없다
삼대가 농사짓던 평화로운 산골
재 너머 산업공단 들어왔다
사 차선 도로 달리는 자동차들
여우 울던 골짜기 천지개벽 알린다
산 내려와 바닥에 엎드렸고
푸른 들 잡아먹은 회색빛 아스팔트
어디까지 뻗어갈지
고향 사람들 앞다투어 나무 심었다
해 뜨면 흙으로 흩어지고
쓸쓸한 마을회관
상노인들 흐릿한 옛 기억을 더듬는다

고향에 가보니

멀게 느껴지던 골목 너무나 가깝고
높던 산이 나지막하다

외길목에 모여 담소 즐기는 어른들
지나가려면 주눅이 들었는데
어른들 세상 떠나고 아이가 없다

교통이 불편해 설움도 많았던 골짜기
공단 들어와 큰 도로 시원스레 뚫렸다
추억의 보물창고 훤히 드러나
가슴이 철렁 내려앉는다

고향 냇가

한 해가 저무는 냇가
반백 년 지나서 찾아가니
마른 풀잎만 찬바람에 서걱댄다

까까머리 용이는 헤엄치고
단발머리 숙이가 놀던 모래밭
찔레나무 연한 가지
까만 보리 똥 주워 먹었다

산 아래 모래밭
시꺼먼 재와 타다 만 장작개비
귀신 나온다 소리치면
혼비백산 도망쳤던 소꿉동무들

아련한 추억
마른 풀잎으로 남아
휑한 가슴 부여안고
먹먹함을 달랜다

그날처럼

가을걷이 끝내고
터덜터덜 언덕을 내려온다

땅거미 내리는 거리
어린 시절 그날처럼
괜한 서러움이 밀려온다

엄마 따라간 외갓집에 나를 두고
집으로 돌아간 엄마
같이 놀던 동무는 집으로 들어가는데
해거름에 복받치는 서러움

호롱불 밝힌 우리 집
바느질하는 엄마
십자수 놓는 언니
아버지는 봉초 담배 연기를
내 얼굴에 후 불고 웃으시지

그곳으로
그곳으로 돌아가고 싶다

읽기 시간

예준이는
책상에 앉아
연필로 밑줄을 그어가며
성경책을 읽고

비행기는
푸른 하늘에
연기로 밑줄을 그어가며
하늘을 읽고

시냇물은
골짜기에
빗방울로 밑줄을 그어가며
바위를 읽고

직지사 사천왕

천왕문 들어가 처음 본 사천왕 무시무시하다
다리 하나가 아이 몸보다 더 굵다
장군 같은 갑옷에 큰 칼
짓부릅뜬 눈
빨간 입
온몸에 소름이 돋는다
까치발로 창틀 속 들여다보니
배 같은 신발
아이 같은 사람 밟고 서 있다
소풍 온 아이들
그만 주저앉을 듯 겁먹었다
잘못했다고 비는데
잘못을 했는지 안했는지
상여보다 더 무서운 귀신들
튀어나올라 조마조마한 새가슴
밖으로 뛰쳐나갔다

장마가 피정을 가보니

짙푸른 산 아랫도리
누런 광목 휘감아 도는 데
옛 고향 소죽 쑤는 연기
마당에 퍼지듯
물안개 장관을 이룬다

소나기 소리
강물 따라 모래성 쌓고
유유히 나르는 왜가리
생태마을 난간머리
씨롱씨롱
매미 우는 소리
부채 부치는 소리

눈매가 고운 첩첩 산
마음이 넓은 평창강
부족함이 없다

다람쥐폭탄

명적암 갔다 걸어서 내려오는 길
숲속의 다람쥐 한 마리가
길 한복판으로 쪼르르 달려 나왔다
귀염둥이
차가 오면 도망갈 테지
웬걸,
배가 아픈가
승용차가 알 듯 말 듯 코앞으로 다가오는데
웅크린 채 꼼짝도 안 한다
너무나 위험하다
두 팔
열 손가락 힘껏 펼쳐 다급히 소리쳤다
멈춰, 멈추라고
밀어낼 거야

다람쥐 아무 일도 없었다는 듯
숲속으로 쪼르르
승용차 명적암으로 부르릉부르릉
떠난다

너무 먼 당신

감천사에 고라니 한 마리 다녀갔다고
눈 위에 발자국 콕콕 찍었다
낙숫물 떨어지는 뜨락에 올라
방문을 여니
부처님 홀로 묵언수행 중
자비로운 눈길을 보낸다

묵주 손에 쥐고
가까이하기엔 너무 먼 당신
살며시 방문 닫고
모퉁이 돌아 출입문 댓돌에 앉아 면산바라기 한다
방 안의 부처님은
앞산을 바라보고

우체부였다

천주교 신유박해가 일어나자
남편 황사영 알렉시오
북경의 구베아 알렉산델 주교에게 보내려던 백서가 발각되어
대역 죄인으로 처형당하고
제주도로 귀양 가는 정난주 마리아

품에 안긴 두 살배기 아들
평생 죄인으로 살아가지 않도록
추자도 예초리 갯바위에 내려놓고
죽어 수장했다
둘러대었다

평생 관비로 살며
바다에 뿌린 마리아의 눈물
아들 소식
제주도 앞바다
철썩이는 파도에게 물었다

어부 아들로 살며

바다에 뿌린 황경환의 눈물
어미 소식
추자도 앞바다
철썩이는 파도에게 물었다

시퍼렇게 멍든 바다
이백십오 년 전 우체부였다

언니 생각

깨어보니 시계가 새벽 두 시를 알린다
창밖에 낙숫물 소리
비 오고 있었구나

문득 세상을 떠난 언니가 생각난다
엄마처럼 듬직한 맏이
갖은 고생 다하며 어렵게 살았다

슬픈 유족들
화장장에서 지켜보는 가운데
혼자 힘으로 들 수 없던 키 큰 언니
작은 항아리 속에 담긴다
소중한 몸
한 시간 만에 사라졌다

수천 개의 항아리가 안치된 용미리납골당
어렵사리 주소 찾아
한번 불러보지도 못한 언니 이름
문패 달았다

비 오는 날이었다

시집가는 날

진홍빛 단풍
바람 따라 시집가는 날
한 방울 두 방울 떨어져 잔디밭이 흥건하다
생리할 때라 아낌없이 떠나보낸다
새 생명 맞이할 준비하느라 부산하다

가없는 푸른 하늘 한복판에 선 해가
단풍나무관음보살상 찰깍찰깍 사진기 눌러 대니
직지사 사천왕도 포즈 취한다

네모반듯한 사철나무카스텔라 위
은행나무 노란 잎사귀 뿌린다

* 관음보살상 : 아름답고 고혹적인 여성을 연상케 하는 모습

귀가
— 먼 길 간 동무

산으로 갔습니다
이승의 허물 벗고 나비처럼 날아가 별이 되었습니다

캄캄한 밤
이슬 타고 육신이 잠든 곳에 갔습니다
풀벌레 우는 소리 가슴을 적시는데
가을걷이 바쁜 토끼 다람쥐 잠꼬대
코 고는 고라니의 짜증 섞인 발길질 피해
나왔습니다

가을빛 물드는 거리
차가운 정적만이 흐르는 낯익은 동네
성당 십자가 앞
한참 머물렀습니다

골목길 돌아 돌아서
외딴 오두막집 들어가다
이름 부르며 쫓아오는 남편

가까이 갈 수 없어
돌아보고 또 돌아보며 황망히 떠났습니다

아무런 표정도 없이 큰 웃음 지으며
하늘나라 돌아가는 걸 보았습니다

아리송 사랑

나 그대에게
사랑을 느꼈네
내 사랑 소문나면 큰일 나네
불가마 속에서
사랑의 시나 노래하리

나 그대에게
사랑을 확인받고 싶네
그러다 소문나면 더 큰일 나네
눈짓 느낌만으론 알쏭달쏭
그대도 나를 사랑하는가

내 사랑은
짝사랑이었나
웃긴 여자가 웃긴 이야길
차라리 그게 좋겠소
아리송아리송 아라리요

김천역 로맨스

수많은 사람 중에 그대를 보는 순간
블랙홀을 만난 듯이 끌리었다
그대는 플러스 자석
나는 마이너스 자석
세상을 다 가진 것처럼 행복해
우리는 손을 맞잡고 기념사진을 남겼다
첫눈에 반해버린 첫사랑
불타오른 그 순간의
김천역 로맨스여

내 영혼 다 주어도 아깝지 않을 사랑
영원히 변치 말자 다짐을 했다
멀리 떨어져 살다가
내 사랑이 식어가네
두 번 다시 못 올 수줍은 풋사랑
보물처럼 간직해온 사진 한 장 꺼내본다
사랑한다 말도 못 한 그대
영원토록 잊지 못할
김천역 로맨스여

김천이 최고더라

오빠야
이리저리 다녀 봐도
김천만 못하더라
황악산 직지천
소박한 사람들
잊지 못할 내 고향
철새도 춤추네
정말 좋아
어서 와요
자두 포도 이름난
김천이 최고더라
감자 양파 소문난
김천이 최고더라

언니야
이리저리 다녀 봐도
김천만 못하더라
고성산 감천의
다정한 사람들
귀에 익은 사투리

인정이 넘치네
정말 좋아
어서 와요
황금시장 평화시장
오일장 최고더라
사방팔방 통하는
교통이 최고더라